AF268143

VERTUS,
MAXIMES,
INSTRUCTIONS,
ET
MEDITATIONS
CHRETIENNES.

A PARIS.

M. DC. LXXXVII.

JAMAIS les Veritez divines n'ont paru avec tant de force ni avec tant de charmes que dans ce Recüeil de Vers & de Prose, où l'Auteur a sçû resserrer dans des bornes étroites ce qu'il y a de plus grand pour la Religion, de plus solide pour la Morale, de plus élevé pour la spiritualité, de plus tendre pour le sentiment. La maniére dont tout y est traité, est si singuliére & d'un goût si délicat, qu'il est aisé de voir qu'elle ne peut estre que de cét Homme celebre qu'un Génie heureux & universel a toûjours rendu maistre de sa matiére ; & qui ayant surpassé tant de rares Esprits des siécles passez par ses Ouvrages profanes *, s'est enfin élevé au dessus de lui-même par ceux qu'il a faits aprés sa conversion.

* La Verité des Fables.
Le Iugement des Poëtes Grecs, & Latins.
Les Visionnaires.
Prothée & Physis.
Les Amours de la Regle & du Compas.

MAXIMES

CHRETIENNES.

A PARIS.

M. DC. LXXXVII.

J'Entendray ce qu'en moy mon Seigneur voudra dire,
Heureux , qui dans son ame entend son Dieu parler,
Qui de sa sainte voix , lorsque son cœur soûpire ,
Entend l'Oracle doux qui le vient consoler !

Heureuse oreille , où vient ce celeste murmure ,
Où n'entrent point les bruits des humains accidens,
Ny les sons du dehors, nez d'une bouche impure ,
Mais de la Verité qui l'enseigne au dedans !

MAXIMES CHRETIENNES.

Idée de la perfection Chrétienne.

REMETS devant tes yeux l'exemple des
saints Peres,
Des plus grandes vertus les modeles par-
faits.
Voy ta vie & la leur : si tu les consideres,
Tu vois combien c'est peu que tout ce que tu fais.

Ces saints amis de Christ ont suivy sa banniere
Avec faim, avec soif, & froid, & nudité :
En veilles, en travaux, en jeusnes, en priere,
En soûpirs, en opprobre, en toute adversité.

Combien d'afflictions souffrirent les Apostres,
Et les Vierges sans tache, & les Martyrs brûlans,
Et les Saints Confesseurs, & sans nombre tant d'autres
Qui voulurent de Christ suivre les pas sanglans ?

Car dans ce monde abjet ils ont haï leur vie,
Afin que pour jamais ils pussent vivre aux Cieux.
A quelle regle étroite avoient l'ame asservie
Ceux qui s'estoient cachez aux solitaires lieux ?

Qu'ils ont souffert d'assauts & surmonté de charmes !
Combien les noirs Demons les ont-ils tourmentez !
Qu'ils ont fait d'oraisons, qu'ils ont versé de larmes !
Qu'ils ont matté leur chair par leurs austeritez !

Pour se rendre parfaits, qu'ils ont montré de zele !
Pour dompter leurs defauts, qu'ils ont bien combattu !
Et qu'ils ont bien marché pour la vie eternelle
Dans le rude sentier d'une étroite vertu !

Ils travailloient le jour ; & la nuit presque entiere
Se passoit en soûpirs, en veille, en oraison.
Mesmes à leurs travaux ils joignoient la priere,
Tant que l'Astre du jour estoit sur l'horizon.

Ils renonçoient pour Christ aux honneurs, aux ri-
chesses,
Aux parens, aux amis, au monde, à ses tresors.
A peine vouloient-ils soûtenir leurs foiblesses
Dans les necessitez que demandoient leurs corps.

Ils estoient indigens des choses de la terre ;
Mais en grace, en vertus ils estoient abondans.
De tous maux au dehors ils soûtenoient la guerre ;
Et de divins plaisirs estoient pleins au dedans.

En humilité vraye, en simple obeïssance,
En souffrance, en amour ils consumoient leurs jours ;
Aussi profitoient-ils en force, en patience,
Et ressentoient de Dieu la grace & le secours.

Aussi sont-ils donnez comme un vif exemplaire
A tout sage Chrétien pour soûtenir ses vœux ;
Et nous doivent bien plus provoquer à bien faire,
Que les tiedes sans nombre à languir avec eux.

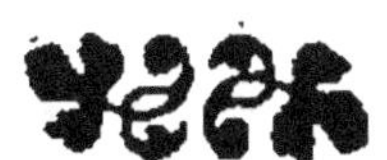

CHAPITRE II.

De la veritable & solide Science.

Qui sans l'esprit de Christ écoute sa parole,
Ne se sent point par elle émouvoir ni charmer :
Mais qui veut la comprendre, & qu'elle le console,
Aux regles de sa vie il se doit conformer.

Que te sert-il d'avoir de la Trinité sainte
A l'envi des Docteurs hautement disputé,
Si de la Trinité ton cœur n'a point de crainte,
Et si tu luy déplais manquant d'humilité ?

Le haut sçavoir n'est pas un sçavoir qui luy plaise.
Sans estre humble, à sa grace on ne peut parvenir.
J'aime mieux dans mon cœur sentir la synderese,
Qu'estre estimé sçavant à la bien définir.

Quand tu sçaurois la Bible & les propos des Sages
Dont la Grece autrefois a fait sa vanité,
Quels seront sur la terre enfin tes avantages,
Si tu vis sans la grace & sans la charité ?

Un humble Jardinier qui cultive ses herbes,
Vaut, en servant son Dieu, mille & mille fois mieux
Qu'un sçavant Philosophe aux demarches superbes,
Qui negligeant le ciel, sçait tout le cours des cieux.

Et plus & mieux tu sçais, plus te sera severe
Le grand Juge d'enhaut, si tu ne vis pas mieux.
Défends-toy de l'orgueil que le sçavoir suggere,
Et crains pour le grand don qui t'est venu des cieux.

Il n'est sçavoir plus haut, ny leçon plus utile,
Que de se bien connoistre & de se méprises.
S'estimer peu, juger tout autre plus habile,
C'est le sçavoir qui seul peut immortaliser.

Qu'heureux est l'homme instruit par les veritez pures,
Qui sans ombre & sans fard contentent pleinement ;
Non par des mots volans, par de vaines figures
Qui contentent l'oreille, & non l'entendement.

L'opinion, le sens nous trompe en mille choses,
Et souvent dans l'erreur nous mene en s'égarant.
Que sert de disputer des naturelles causes,
Si nul ne perira pour en estre ignorant ?

Que nous peut importer le genre ny l'espece,
Ny divers autres mots que la Logique apprend ?
Qui parle au divin Verbe eternelle Sagesse,
De mille opinions laisse le differend.

Plus un homme dans soy se renferme & s'abysme,
Plus des secrets divins il atteint la hauteur :
Car il reçoit d'enhaut la lumiere sublime
Qui l'enseigne bien mieux que livre ny docteur.

CHAPITRE III.

De l'Oraison parfaite.

PEu de contemplatifs se trouvent dans le monde :
  Car peu sçavent du monde en tout se détacher.
Il faut donc que la grace aux grands desirs réponde
Pour élever son ame & de soy s'arracher.

Plusieurs à contempler adonnent leurs pensées,
Et pour le faire bien ne font pas ce qu'il faut,
En ne s'adonnant pas, toutes choses laissées,
A se mortifier & vaincre tout defaut.

Aprés nous estre un tems recueillis en nous-mêmes,
Nous sortons au dehors, sans bien peser nos mœurs,
Sans bien chercher en nous nos desordres extrêmes,
Et quel attachement regne encore en nos cœurs.

Qui se dompte si bien, que sans cesse il soûmette
Son cœur à sa raison, & sa raison à moy,
A du monde & de soy la victoire parfaite ;
Et vainqueur de ces deux, à tout il fait la loy.

Si tu veux parvenir à ce point souhaitable,
Jusques à la racine il faut mettre le fer,
Pour trancher l'amour propre & le soin redoutable,
Qui pour les biens mondains te pourroit échauffer.

Car cét amour caché, dont par trop l'homme s'aime,
Est la source dans luy de tout penser mauvais.
Ayant dompté ce mal, en se domptant soy-même,
Il jouïra toûjours d'une profonde paix.

CHAPITRE IV.

Comment s'acquiert la grace de la devotion.

IL te faut rechercher ma grace avec instance ;
La demander toûjours avec un grand desir,
L'attendre avec espoir & longue patience,
Enfin la recevoir avec un doux plaisir.

Il faut la conserver d'une humilité ferme,
Et sans cesse avec elle agir & profiter ;
Puis remettre en mes mains la maniere & le terme,
Quand je voudray du ciel venir te visiter.

Avec humilité souffre tes secheresses.
N'en desespere pas ; n'en vy pas tristement.
Si je refuse un tems mon zele & mes tendresses,
Ma bonté quelquefois les donne en un moment.

Souvent quand l'oraison est presque toute faite,
Je viens, quoy-qu'à l'abord je ne daigne écouter.
Si ma grace venoit soudain qu'on la souhaite,
Est-il un cœur humain qui pust la supporter ?

Je verse mes faveurs quand les vaisseaux sont vuides,
Quand à toute autre amour une ame a renoncé,
Mes graces d'autant plus sont hautes & solides,
Que ton cœur se fait voir en soi-mesme abaissé.

CHAPITRE V.

De la confiance de recouvrer la grace.

MOn fils, je suis le Dieu confortant dans l'orage
Vien à moy dans le jour de la triste saison.
Plus tard tu viens à moy, plus tard je te soulage,
Tu me suis, quand tu fuis d'entrer en oraison.

Tu cherches avant moy quelqu'un qui te console,
Et cherchant au dehors, ton soin, ton tems se perd.
Hors de moy tu n'entends nulle utile parole,
Nul secours n'est puissant, nul remede ne sert.

Repren donc tes esprits aprés cette tempeste
Voy luire ma bonté qui vient pour te guerir,
Qui regarde l'assaut, & toûjours se tient preste
Pour reparer la breche & pour te secourir.

Non seulement, mon fils, ma bonté la repare,
Mais la comble, & fait voir tout facile à mon bras.
Nul secours de la terre au mien ne se compare,
Je ne suis pas celuy qui dit & ne fait pas.

Tu te fais un grand mal d'une crainte frivole,
Et dans les tems futurs tu cherches le malheur,
Tristesse sur tristesse, & rien ne te console.
De chaque jour, mon fils, te suffit la douleur.

Ne sois donc point troublé; crois en moy, pers la crainte
Et toûjours te confie en ma grande bonté.
Tu me pensois bien loin, je suis dans ton enceinte,
Souvent qui croit tout perdre, a le plus merité.

CHAPITRE VI.

De l'amour de la Solitude.

Herche un tems pour toy seul, & d'une attache forte
Sur les bienfaits de Dieu medite avec loisir.
Laisse les livres vains ; mais lis ce qui t'apporte
De la componction plûtost que du plaisir.

Il faut qu'avec Jesus des troupes se détache
Qui recherche au dedans son repos & s'y plaît.
Seul est seur en public qui volontiers se cache.
Seul est seur à parler qui volontiers se taît.

Il vaut mieux se cacher & penser à soy-même,
Qu'en miracles briller, negligeant son devoir.
Qui peu sort est loüable, & gouste un heur extrême,
Quand il fuit d'estre veu tout ainsi que de voir.

Content dans ta retraite avec Jesus demeure,
Conte-luy tes besoins, tes pensers, tes souhaits ;
Demande qu'il t'assiste & console à toute heure :
Tu n'auras point ailleurs une plus grande paix.

CHAPITRE VII.

Qu'il faut corriger ses défauts, & supporter ceux d'autruy.

Si dans le cours d'un an nous arrachions un vice,
Nous nous verrions bien-tost dans un état parfait.
Souvent qui suit Jesus, se lasse à son service,
Et fait moins à la fin, qu'à l'abord il n'a fait.

C'est-là le grand combat que se vaincre soy-même,
Que porter dans soy-même un cœur plus fort que soy,
Que d'estre ferme & soûmis, & pour son bien suprème
Estre son propre esclave & se faire la loy.

Si reprenant quelqu'un tu le trouves rebelle,
Alors sans contester, à Dieu tu dois l'offrir.
Il faut laisser agir la Sagesse éternelle,
Qui change en bien le mal qu'elle aura fait meurir.

Dieu veut que nous portions le faix les uns des autres,
Nul mortel n'est sans vice, à soy nul ne suffit.
Portons les maux d'autruy, qu'autruy porte les nostres,
Que chacun donne à l'autre avis, aide & profit.

Est-ce vertu que vivre avecque les paisibles ?
Il nous est naturel & facile & charmant.
Mais avec les humeurs difficiles, terribles,
On acquert plus d'honneur, plus on a de tourment.

CHAPITRE VIII.

Des Tentations.

Nul n'est si pur, si saint, si parfait sur la terre,
Qui de tentation soit libre entierement.
La vie est un combat, une eternelle guerre,
Et sans estre assailli, nul ne vit un moment.

L'inconstance d'esprit, en Dieu peu d'esperance,
Font qu'un cœur s'abandonne & toûjours est tenté :
Comme sans gouvernail un navire en balance,
De flots de toutes parts est sans cesse agité.

Au feu s'éprouve l'or, l'homme au feu qui le tente :
Nul ne sçait ce qu'il peut qu'aprés un grand combat,
Combattons l'ennemy d'abord qu'il se presente,
Alors plus aisément nostre force l'abbat.

D'abord nous vient en l'ame une simple pensée :
Puis l'image s'imprime, & presse fortement.
Le plaisir vient ensuite, & l'ardeur insensée :
Enfin pour dernier mal vient le consentement.

Dans les plus grands combats tel se montre invincible,
Que le moindre accident tous les jours fait tomber,
Afin qu'il se défie en un assaut terrible,
Puisqu'en si peu de chose il se voit succomber.

Connois ton foible esprit qu'abbat le moindre trouble,
Qui toutefois luy sert pour gagner la vertu.
Souffre ou chasse l'ennui, si l'attaque redouble ;
Si tu t'en sens frappé, n'en sois pas abbattu.

Souffre, sinon en joye, au moins en patience,
Si tu sens du dépit, tâche à le reprimer,
De peur que de ta voix ne parte une licence
Qui puisse au cœur du foible un scandale allumer.

Soudain s'appaisera la tempeste excitée,
Le retour de la grace adoucira tes maux,
Ta peine en peu de tems par moy sera domptée,
Si ta bouche m'invoque au fort de tes travaux.

CHAPITRE IX.

De la Mort.

SI pure de tout crime estoit ta conscience,
De la peur de mourir tu serois moins touché,
La justice des mœurs est la vraye assurance.
Ne craignons point la mort, mais craignons le peché.

Si ton ame aujourd'huy n'est pas bien preparée,
Demain le sera-t-elle, homme tardif & vain ?
Ce demain ne t'est pas une chose assurée :
Et sçais-tu si Dieu veut t'accorder ce demain ?

Heureux à qui la mort est presente à toute heure,
Et qui pour bien mourir s'appreste chaque jour :
Songe, si quelquefois tu vois qu'un homme meure,
Que tu dois à ce but arriver à ton tour.

Qu'heureux est & prudent, qui tel est dans sa v..
Qu'il veut estre de Dieu rencontré dans sa mort !
D'où vient de bien mourir l'assurance & l'envie ?
Voicy dans cét état ce qui rend le cœur fort.

Du monde grand mépris, grand desir de sagesse,
Aimer la penitence, à tout travail s'offrir,
Obeïssance prompte, aveu de sa bassesse,
Se renoncer soy-même, & pour Dieu tout souffrir.

Leger & délivré des desirs de la terre,
Tu t'en iras à Dieu, seul but de tes souhaits.
Maintenant à ton corps fay tellement la guerre,
Qu'au ciel ton ame un jour puisse voler en paix,

CHAPITRE X.

Du Jugement.

COnsidere toûjours la fin en toute chose,
Et combien tu verras ton grand Juge irrité,
Qu'excuse ny present au pardon ne dispose,
Qui sçait tout, & de tout juge avec équité.

Maintenant tes travaux de grands fruits peuvent fai
Tes pleurs estre receus, tes soupirs écoutez.
Ton amete douleur peut à Dieu satisfaire,
Et te purger icy de tes iniquitez.

Qui sçait n'aimer que Dieu, ne craint mort ny suplic
Ny Jugement dernier, ny l'Enfer malheureux.
Son zele l'affermit, luy rend le ciel propice,
Et vers son Dieu luy donne un accés amoureux.

Mais qui craignant l'Enfer, de Dieu n'a point la crain
Ne peut durer long-tems sans tomber au peché,
Car l'Enfer qui luy cause une terreur contrainte,
De loia le tient toûjours à sa chaisne attaché.

CHAPITRE XI.

D'eſtre privé de toute conſolation.

Lorſque d'une douceur Jesus te favoriſe,
Tu dois en rendant grace, humble la recevoir.
Ne croy pas qu'elle ſoit par ton merite acquiſe :
C'eſt un don que ſur toy la grace a fait pleuvoir.

Si de cette douceur ſoudain tu ſens l'abſence,
Tu n'en dois pas tomber dans un ennui trop grand,
Mais attends ſon retour en humble patience,
Avec uſure aprés ce grand Dieu te la rend.

Ceux qui ſuivent Jesus dans ſes routes ſecretes,
Eprouvent bien ſouvent ce deſordre en leur cœur.
Et les Saints les plus grands & les plus grands Prophetes
Ont ſenti que l'ennui ſouvent ſuit la douceur.

La ferveur, la froideur nous arrive & nous quitte,
L'Eſprit vient & s'en va ſelon ſon bon vouloir.
Dés le matin, dit Job, le Seigneur nous viſite,
Puis il nous vient ſouvent éprouver ſur le ſoir.

Quand je ſuis delaiſſé de la grace celeſte,
Abandonné de Dieu dedans ma pauvreté,
La ſeule patience eſt le bien qui me reſte,
Pour Dieu je me renonce & veux ſa volonté.

CHAPITRE XII.

Des Souffrances.

Pluſieurs aiment Jesus pour ſon celeſte empire :
Mais de ſa lourde Croix il a bien peu d'amans.
A ſentir ſes douceurs tout cœur devot aſpire :
Mais peu veulent pour luy ſe voir dans les tourmens,

Quiconque aime ardemment Jesus pour Jesus même,
Et non pour reſſentir ſa divine douceur,
Dans ſes plus grands ennuis il le benit & l'aime,
Comme ſi de plaiſirs il luy combloit le cœur.

Même il le beniroit, quand de nulle aſſiſtance
Jamais ſon triſte cœur ne ſeroit conſolé.
Que l'amour de J E S U S tout pur a de puiſſance,
Quand noſtre propre amour ne s'y voit point meſlé !

Renonce-toy, nous dit le Verbe veritable,
Porte ta croix, ſuy moy : ces mots ſemblent cruels,
Mais ce propos ſera bien plus épouvantable :
Allez, allez, maudits, dans les feux eternels,

Celuy qui maintenant avec plaiſir écoute
Le precepte important qu'il faut porter ſa croix,
L'écoute ſagement, & d'autant moins redoute
De la damnation l'épouventable voix.

On verra quand J E S U S viendra juger la terre,
Le ſigne de la Croix dans le Ciel figuré.
Lors l'amant de la Croix, & qui s'eſt fait la guerre,
S'approchera de Chriſt d'un viſage aſſeuré.

Si Chriſt pour le ſalut euſt connu quelque uſage
Plus utile & plus ſeur que celuy de ſouffrir,
Luy-même pour l'exemple en euſt eſté l'image,
Et ſa bouche euſt pris ſoin de nous le découvrir.

Tout conſiſte à ſouffrir, à mourir tout conſiſte,
Le chemin de la vie eſt celuy de la croix.
Pour la paix du dedans, que le dehors ſoit triſte.
Pour vivre, il faut mourir tous les jours mille fois,

CHAPITRE XIII.

De la Nature & de la Grace.

Considere, mon fils, la Nature & la Grace,
Et discerne avec soin leurs divers mouvemens.
Fay, pour les distinguer, que ton sens se ramasse,
Qui recherchant le bien s'y trompe à tous momens.

La Nature est subtile, engage, trompe, attire;
Et n'a jamais pour but autre chose que soy.
Mais la Grace est sincere, & du mal se retire,
Ne tend jamais de piege, & pour but n'a que moy.

La Nature à regret meurt ou se voit pressée,
Toûjours craint qu'on la veüille ou soûmettre ou domter;
Mais la Grace s'immole, aime d'estre abbaissée,
Veut servir, est pour Dieu preste à tout supporter.

Toûjours à tous honneurs aspire la Nature;
La Grace suit la gloire, en tout vient me l'offrir.
La Nature craint tout, mépris, opprobre, injure;
La Grace, pour mon nom, est preste à tout souffrir.

La Nature toûjours se tourne aux creatures,
A cherir sa chair propre, aux soins, aux vanitez.
La Grace à Dieu se tourne, aux vertus les plus pures,
Fuit le monde & la chair & leurs infirmitez.

La Nature au dehors cherche un plaisir sans cesse,
Pour y lier son cœur, & pour plaire à ses sens;
Mais la Grace au dedans à son Dieu seul s'adresse,
Et prend avec luy seul ses plaisirs innocens.

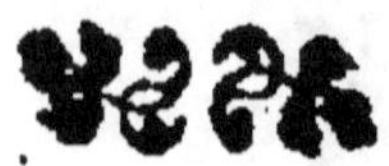

CHAPITRE XIV.

Qu'il ne faut pas sonder les Mysteres , ny les Juge-
mens de Dieu.

NE dispute jamais des matieres sublimes ,
  Mon fils, ny des secrets qu'à l'homme j'ay cachez,
Pourquoy l'un est heureux , quoi-que chargé de crimes,
Pourquoy sont à mes Saints les malheurs attachez.

Douce simplicité , n'es-tu pas plus heureuse,
Laissant des questions les chemins épineux ,
D'aller par une voye & pleine & non trompeuse ,
En suivant de ma loy le flambeau lumineux ?

Que d'ames ont perdu la grandeur de leur zele ,
Voulant dans mes secrets penetrer trop avant !
En toy je veux la foy , l'espoir , l'amour fidele ,
Et non un esprit haut , curieux & sçavant.

Le sens peut se tromper , la raison est debile.
Rien ne trompe la Foy, rien ne peut la blesser.
L'humain raisonnement , pour devenir utile ,
Doit la suivre , & non pas la rompre ou devancer.

Si tu ne comprens pas les choses les plus basses
Que je mis sous tes pieds & rangeay sous ta loy ,
Comment comprendras tu mes mysteres , mes graces ,
Et tout ce que le Ciel cache au dessus de toy ?

Si tels étoient de Dieu les hauts faits adorables,
Que les humains esprits les pussent concevoir ?
Seroient-ils appellez divins , inconcevables ?
Et doit-il à ton sens limiter son pouvoir ?

CHAPITRE XV.

Comment il faut s'approcher de Nostre Seigneur.

JE viens sur ta bonté fondant ma foy craintive,
Malade au Medecin, l'homme à son Createur,
Le serviteur au Maistre, ayant soif à l'eau vive,
Et comblé de tristesse à mon Consolateur.

Je viens à toy, Seigneur, joüir de ta presence,
Au banquet plein d'amour dont tu veux m'honorer.
Toy seul es mon salut, mon heur, mon esperance,
Ma force & tout le bien que je puis desirer.

Mon Dieu, je te benis, je t'exalte & te loüe,
Jusques dans le neant je m'abaisse sous toy.
Je ne suis devant toy que misere & que boüe,
Et toy le Saint des Saints, & mon Maistre & mon Roy.

Puisque tu veux qu'à toy par amour je m'unisse,
Donne-moy donc l'amour dont tu veux estre aimé.
Que d'amour pour toy seul je fonde, je languisse.
Que de nul autre amour je ne sois enflamé.

CHAPITRE XVI.

Sentiment d'une ame qui a reçû son Dieu.

PUissant Auteur du monde, à quoy tu t'abandonnes?
Venir à ma pauvre ame, admirable bonté,
Et que pour l'assouvir, prodigue tu luy donnes
Ton humanité jointe à ta divinité!

Qui fera qu'avec toy, seul, mon Dieu, je me trouve,
Pour te bien découvrir les secrets de mon cœur?
Que de toy je joüisse, & qu'avec toy j'éprouve
Ce qu'ont tes entretiens de grace & de douceur?

Quand sera-ce, mon Dieu, mon Sauveur, quand sera-ce
Qu'en toy je seray tout, tu seras tout en moy ?
Qu'en toy sera ma vie ; & que sans voir ta face,
Je te verray toûjours par les yeux de la foy ?

N'es-tu pas mon amour, mon choix entre cent mille,
En qui seul tous les jours veut habiter mon cœur ?
En qui seul est ma paix & mon repos tranquille ?
Hors de qui tout est peine & misere & langueur ?

N'es-tu pas ce grand Dieu qui se cache en soy-même,
Qui ne tient pas conseil avecque les pervers,
Qui pour son entretien ne veut, ne cherche & n'aime
Que les plus humbles cœurs qui soient en l'Univers ?

Que te puis-je donner de plus cher que ma vie ?
Que mon cœur tout entier en toy seul renfermé ?
Mon ame de plaisir sera toute assouvie,
Alors qu'entre mes bras j'auray mon Bien-aimé.

Si tu veux estre en moy, me diras-tu sur l'heure,
Je veux estre dans toy pour te donner ma paix.
Et je te répondray : Seigneur, en moy demeure,
Je veux avec toy seul demeurer pour jamais.

C'est-là tout mon plaisir, c'est-là toute ma gloire,
Et de ce tresor seul je veux estre muni.
Sois seul en mes pensers, sois seul en ma memoire,
Que mon cœur à toy seul pour jamais soit uni.

CHAPITRE XVII.

Desir de la vie eternelle.

QUand seras-tu, Seigneur, mon tout en toutes choses?
Quand seray-je avec toy dans ta celeste Cour ?
Icy sont de tous maux les dangereuses causes,
Et sans de grands combats je n'y passe un seul jour.

Quand pourray-je sortir de la prison des vices ?
Quand me verray-je en lieu pour ne penser qu'en toy ?
Quand seras-tu mon tout , & mes seules delices ?
Quand seray-je sans soin , sans desir , sans effroy ?

Quand auray-je une paix , solide, perdurable ,
Paix dedans & dehors , seure de tous costez ?
Quand seray-je abysmé dans ta veuë adorable ?
Quand verray-je , ô mon Dieu, ta gloire & tes beautez?

Console mon esprit , & mes douleurs appaise ,
Puisque tous mes soupirs ne s'adressent qu'à toy.
Le Monde à mes souhaits n'offre rien qui leur plaise.
J'aspire à te voir mieux que des yeux de la foy.

Je veux voler au ciel ; mais le poids des miseres ,
Et mes desirs impurs m'attachent Icy-bas.
Mon esprit veut dompter les forces étrangeres :
Mais ma chair les attend , & ne s'en sauve pas.

Ainsi triste mortel je me combats moy-mesme ,
De moy-mesme je suis l'ennemy dangereux.
Car l'esprit veut voler vers la voûte supréme :
La chair pese , & descend dans l'Enfer malheureux.

L'homme seul est heureux, qui dompte la nature
Par l'ardeur de l'esprit crucifiant la chair,
Qui t'offre en l'oraison sa conscience pure,
Et qui sçait comme un Ange à toy seul s'attacher.

CHAPITRE XVIII.

De la corruption de la nature.

SEigneur, qui m'as formé sur ta divine image,
Je demande ta grace, autrement je me pers,
Pour vaincre ma nature & méchante & volage,
Qui me pousse aux pechez & me traisne aux enfers.

Je sens dedans ma chair une loy redoutable,
Qui contredit sans cesse aux loix de ma raison,
Qui veut que j'obeïsse à mon sens miserable :
Je ne puis sans ta grace amortir ce tison.

J'ay besoin de ta grace & d'une grande grace
Pour vaincre la Nature esclave du peché,
Qui tombée en Adam fut soüillée en sa race,
Dont par un crime seul tout le sang fut taché.

La Nature créée en l'état de justice,
Maintenant corrompuë, est toute infirmité.
Son propre est malntenant de nous porter au vice,
Aux terrestres desirs, à toute impureté.

Car la foible clarté qui nous est demeurée,
N'est qu'un reste de feu sous la cendre caché.
C'est la sage raison de là-haut éclairée,
Mais toûjours engagée aux broüillars du peché.

Ainsi devers ta loy je me tourne & l'embrasse,
Sçachant que ton precepte est bon & juste & saint,
Qu'il me fait découvrir le mal qui m'embarasse,
Le peché qui m'attaque & que mon ame craint.

Mais la loy du vieux crime à la chair m'abandonne
Et malgré ma raison, vient toûjours me faillir.
Ainsi, bien que souvent ma volonté soit bonne,
Sans ta grace, mon Dieu, je ne puis l'accomplir.

CHAPITRE XIX.

Des secrets jugemens de Dieu.

DE tes saints jugemens j'entends tonner la foudre,
Mes os tremblent d'horreur, je suis épouventé,
Je redoute, Seigneur, de retourner en poudre,
Si les cieux devant toy n'ont pas de pureté.

Si quand sous le peché des Anges succomberent,
Tu n'as point pardonné, que sera-ce de moy ?
Et si du haut des cieux des étoiles tomberent,
Moy poussiere & fumier, que suis-je devant toy ?

Tels dont les faits brilloient si dignes de loüanges,
Sont aux plus bas enfers justement abysmez.
J'ay veu ceux qui mangeoient l'aimable pain des Anges,
Du reste des pourceaux se repaistre affamez.

Nul n'a de sainteté, si ta main s'en retire.
Nulle force ne sert, si tu ne la soûtiens.
Nulle vertu ne luit, sinon sous ton empire,
Nul n'a la chasteté, si tu ne la maintiens.

Nul ne se peut garder, Seigneur, si tu ne veilles,
Sans toy dedans les flots nous sommes enfoncez.
Mais quand de ton secours nous sentons les merveilles,
Nous vivons, & soudain nous sommes redressez.

Sous tes grands jugemens, secrets, impenetrables,
Je m'abaisse, mon Dieu, mon Sauveur, mon soûtien.
Car en moy, mes pensers, quoi-qu'à moy favorables,
Ne peuvent rien trouver qu'un rien, & puis un rien.

O profondeur immense ! ô mer ! ô creux abysme !
De ne trouver en moy qu'un rien de tous costez.
Où donc se cache en moy quelque orgueil legitime ?
Quel masque de merite a fait mes vanitez ?

Comment peut s'élever avec un vain langage
Le juste que ta loy tient soûmis & dompté ?
Le Monde entier ne peut soûlever le courage
De celuy que soûmet la pure verité.

CHAPITRE XX.

Pour demander secours à Dieu quand on se sent foible
& attaqué.

ECLaire-moy, Seigneur, d'une vive lumiere,
Et du fond de mon cœur chasse l'obscurité.
De mes distractions vien borner la carriere,
Ecarte les objets dont je me voy tenté.

Seigneur, commande aux vents, dissipe la tempeste ;
Dy de ta forte voix : Taisez-vous, Aquilons.
Dy, Seigneur, à la mer que sa fureur s'arreste ;
Et l'on verra soudain calmer tous ses boüillons.

Vien de ta verité répandre sa lumiere,
Puisque sans toy mon ame est dans l'obscurité.
Sur moy daigne à grands flots verser ta grace entiere ;
Puis échauffe mon cœur avec ta charité.

Seigneur, lance tes dards, écarte, abbas, foudroye
Ces pensers ennemis à la chair attachez.
Rends à mes sens émûs le repos & la joye ;
Et me fais mépriser le souffle des pechez.

Preste-moy ton secours, ô Verité suprême,
Que je ne sois épris de nulle vanité.
Vien, celeste douceur, vien, seul amour que j'aime ;
Vien garantir mon cœur de toute impureté.

FIN.

www.ingramcontent.com/pod-product-compliance
Lightning Source LLC
Chambersburg PA
CBHW051207050726
47594CB00007B/3102